なぜデンマーク人は初任給でイスを買うのか？

小澤良介 Ryosuke Ozawa

人生を好転させる「空間」の活かし方

きずな出版

他人を感動させようとするなら、まずは自分が感動せねばならない。
そうでなければ、いかに巧みな作品でも決して生命ではない。

――ジャン＝フランソワ・ミレー

Prologue ―― イスを変えると、人生が変わる

あなたは、イスに対してどういった考えを持っていますか？

ただの生活道具？

オシャレなインテリア？

そもそも考えたことすらない？


本書を手に取ってくださって、ありがとうございます。

リグナ株式会社というインテリア会社の代表の、小澤良介と申します。

普段から家具、インテリア、空間プロデュース全般を手がけているわけですが、職業柄、海外へ飛んでインテリアや空間を視察《しさつ》することがよくあります。

なかでもヨーロッパには大変影響を受けており、とくに北欧《ほくおう》家具の発祥の地デンマークは、自分でも車で1000キロ以上は走りまわっているほどです。

日常から世界の家具やインテリア、空間というものを見てきて、気がついたことがあります。

それは、**日本と欧米では、家具に対する考え方がまったく違う、**ということです。

このあとくわしく書きますが、本書のタイトルにもある「イス」ということでいうと、日本人はイスを単なる生活道具として考えている人がほとんどです。

それに対し、ヨーロッパ、とくにデンマークの人々にとってのイスは、ただの道具ではなく、時間とお金をかけるべき、「大切な場所」なのです。

そして、いいか悪いかは別として、その考え方の違いが、心の豊かさや、人生に大きく影響を与えているということに気がつきました。

世界中の「空間」というものを見てきて、自分が普段いる空間の質が、人生の質を決めるといっても過言ではないと感じています。

実際に日本でも、イスを一つ変えるだけで、仕事や人間関係など、人生が好転していった人たちをたくさん見てきました。

お金をかければいいというものではありません。

広い家に住まなければ実践できないということでもありません。

この本のタイトルは『なぜデンマーク人は初任給でイスを買うのか?』です。「世界一幸せな国」(世界幸福度報告書2013調べ)「幸福大国」とよばれるデンマークでは、初任給が入ったときに多くの人がイスを買うのです。

「なんで楽しみにしていた初任給で、そんなものを買うんだろう?」

そう思ったあなた。

あなたはインテリアを少し変えるだけで、いまよりもっと幸せになる素質を持った人だと、いまここで断言いたします。

空間を変えると、暮らしと心が豊かになる。

本書が少しでも、あなたの人生の質を上げるヒントになれば幸いです。

目次

Chapter

1

世界一幸せな国の秘密は「イス」にある

Chapter
2

良質な暮らしは、デンマーク人に学ぶ

Chapter
3

人生を好転させる空間とは？

Chapter

4

北欧式 夢をかなえる 部屋のつくり方

Chapter

5

あなたの人生の質は、空間で決まる

ブックデザイン　小口翔平＋喜來詩織（tobufune）

Chapter

1

世界一幸せな国の秘密は「イス」にある

初任給で家具を買うデンマーク人

「デンマーク」と聞いて、あなたは何を想像するでしょうか。

「北欧家具」であったり、童話《どうわ》で有名な「アンデルセン」など、人それぞれイメージがあるかと思いますが、世界的にいわれているのは「世界一幸せな国」や「幸福大国」ということです。

多くのデンマーク国民が、自分の国を愛し、心豊かに、幸せに暮らしています。

それはなぜか？

もちろん社会福祉の充実など、多くの理由があるかと思いますが、インテリア会社の代表という立場からいわせていただくと、理由は「イス」にあると感じています。

数年前、リグナの家具の取引先を開拓《かいたく》するために、デンマークを初めて訪《おとず》れたときは、大変感銘《かんめい》を受けました。

いまでこそ、私の会社リグナは、東京と福岡に店舗兼ショールームを構え、おかげさまでお客様にもご好評いただいていますが、当時はまだ小さなショールームを一つ構えているだけで、なんとか事業は順調にはいっていたものの、いまひとつ伸び悩んでいるという状況でした。そんななかで、取引先の新規開拓といった狙いもあり、一人で北欧家具の本場、デンマークに飛びました。

とにかく見られるところはすべて見ようと思い、これまでに、累計するとデンマーク国内を1000キロ以上は車で走っていると思います。

最初にデンマークに行ったときに感じたのは、とにかく国全体が穏《おだ》やかで、オシャレで、人々が幸せな顔をして暮らしている国だということです。

全体的に平地で、田舎《いなか》なのに、一つひとつの要素がとてもオシャレ。ただの道路や、町並みにもこだわりを感じました。

道路標識一つとってもデザインがかわいかったり、町全体の雰囲気にも統一感がありました。

そして、**北欧家具の発祥の地だけあって、住宅やホテルのインテリアもやはりレベルが違いました。**

私は毎回、様々なグレードのホテルに泊まります。たとえば、安宿でも各部屋には絵画などのアートが飾ってあり、家具一つとっても非常にいいものを使っています。

いままで多くのデンマーク人にインタビューしましたが、やはりインテリアというものへのこだわりには半端ではない思いを感じます。

なかでも驚かされたのは、「デンマークでは多くの人が、初任給でイスなどの家具やインテリアを買う」ということです。

当時の私の感覚では、いま一つ理解ができないことでした。

「社会に出て初めて手にした給料で、イスを買うか？」

そう思ったのを、いまでも鮮明《せんめい》に覚えています。

でも、そこにデンマークの「幸せ」の秘密があるのだと、いまとなっては理解できます。

私は常々、「**インテリアは幸せと結びつく**」ということを意識しています。

「人生」はいいかえると「時間」。その「時間」を過ごす「空間」こそが、その人の幸せに結びつく。「**空間＝暮らしの質＝心の豊かさ**」という方程式が成り立っていると感じるのです。

そういう意味で、デンマークの人々の考え方は、私の理想でした。

洋服や腕時計など、自分を飾るものではなく、自分や友人が快適に過ごすための空間に、最初にお金を使う。

そうすることで、暮らしの質が向上し、心が豊かさを感じ、日常から幸せを感じることができるようになる。

それが、オシャレで幸せな国「デンマーク」の考え方なのだと、心の底から納得したのです。

「世界一幸せな国」といわれるデンマークの町並み

北欧家具はなぜ人気なのか？

「北欧家具」は、いまとても人気があります。

日本国内でも近年、インテリアショップ「ＩＫＥＡ」が出店し、北欧家具に直接触れることができる機会が増えました。

書店のインテリアコーナーに行っても、「北欧インテリア」「北欧式の部屋づくり」といったような書籍を多く目にします。

その北欧家具の中心地、発祥の地ともいえる国がデンマークなのです。

ここでは、北欧家具がどういった特徴を持っているかを書いていきたいと思います。

まず、北欧は寒い地域であるために、家の中で過ごす時間が長いというのがポイントです。

北欧家具は、こういった北欧独特の生活習慣から生まれました。

長い時間、部屋にいても飽きのこないシンプルなデザインと、高い実用性、利便性が特徴です。

その点では、装飾《そうしょく》の多いフランスやイタリアの家具とは、一線を画すつくりになっています。

色づかいに関しては、ホワイトやレッドやブルーなど、原色系の色を好んで使います。

また日本では、北欧家具は安価なイメージを持たれている人も少なくないかもしれませんが、じつはそうではありません。

デンマークの「カール・ハンセン＆サン」や「ＰＰモブラー」などは、世界有数の高級家具として有名です。そのようなブランドのイスは、一脚で数十万円するものもあります。

家具に詳しくない人が見ると、「数千円じゃないですか？」と思うかもしれませんが、よく見れば、材質やそのつくりから見ても、安価なものとはまったく違うことがわかるでしょう。

なぜそんなに高価なものが多いのかというと、手工業を伝統としているが故《ゆえ》に、一つひとつの家具を熟練《じゅくれん》の職人が丁寧に長い時間をかけてつくるためです。

また、細部《さいぶ》にこだわられているため、とても頑丈《がんじょう》で耐久性に優れています。

さらに、飾りなどの華美《かび》な部分をなくしているために、流行というものに左右されることがなく、長く使い続けることができるという利点もあります。

非常に高価なものが多い北欧家具ですが、長く使い続けることを前提としているので、デンクーク人は初任給をはたいても、家具を買おうとするわけです。

世界最高峰の北欧家具

デンマークのイスは、世界中のイスの手本となった

北欧家具の特徴について書いてきましたが、デンマークのイスは、世界中のイスに大きな影響を与えたということも書いておかなければなりません。

北欧のモダンデザインの過去を振り返ってみると、世界的なインテリアデザイナーがデンマークには数多くいたことがわかります。

なかでも北欧家具のデザイナーで巨匠といわれる二人の存在があります。どちらもデンマーク人で、「ハンス・ウェグナー」と「アルネ・ヤコブセン」という人物です。二人はそれぞれ、のちに世界で大ヒットするイスのデザインを手がけます。

ハンス・ウェグナーは1949年に「**Yチェア**」というイスをつくりました。ウェグナーは累計で500種類を超すイスを手がけてきたといわれておりますが、そのなかでも、50年以上という時が経ってもいまでも世界中で売れ続けているのが「Yチェア」です。

木製のイスで、その名の通り、背もたれ部分の支柱が「Y」の字になっており、木材の曲線の美しさと、座り心地のよさが評価され、現在でも世界中で使われています。

一方で、ヤコブセンは、1951年に「**アントチェア**」というイスを手がけます。当初は会社の食堂用のイスとして開発されたものですが、アーム部分が無く、三本脚というかたちが当時は斬新《ざんしん》で、大ヒットしました。

かたちと細長い脚が、アリに似ているということから、「アントチェア」という名前がつけられ、背もたれと座面の三次元一体成形を世界で初めて実現させたイスであり、世界中で現在でも売れ続けています。

このように、デンマークの家具は現在でも、世界の家具に影響を与えるものが数多く生み出されているのです。

実際にYチェアに、
お気に入りの毛布をかけて使うデンマーク人

理想のパートナーを探すように、イスを選ぼう

デンマークの人々の家に行くと、イスの多さに驚かされます。

なぜそんなにイスの数が多いのかというと、世代を越えて愛するため、そう簡単に捨てることがなく、新しいものを買う際にもたっぷりと時間と労力をかけるからです。

前にも少し書きましたが、デンマークではイスは、長く使うことを前提につくられています。

そのために、そう簡単に買いかえるということがありません。

家具は大切な資産であるという考え方が強いために、自分の親や祖父母の世代か

ら、代々受け継がれていくものであるという考え方が常識なのです。

多くのデンマーク人にインタビューを重ねると、本当に家具というものを大切に考えていることがわかります。

日本でイスを買うとなると、メーカー保障も5年程度のものが多く、数年での買いかえが常識となっています。

しかし、デンマークでは、5年程度で買いかえることなんてまず考えません。まるで理想のパートナーを探すかのようです。

お金と労力をかけて家具を選び、そして、選んだものは自分の子や孫の世代まで何十年と残せるように大切にするのです。

すごく素敵な考え方だと思いませんか。

〝ものを大切にする〟

当たり前ですが、これを実践しているのがデンマークの人々なのです。

筆者の友人のデンマーク人の部屋

キズや古さを「デザイン」としてとらえる

ヨーロッパでは、古きよきものを大切に残していくという文化が根づいています。

デンマークでも、100年以上前からある工場や倉庫だった建物を、カスタマイズして、家具のショールームにしているような会社が非常に多いです。

これが、日本で家具のショールームをつくろうと思うと、どこか適当なビルの一階のテナントを探して、家具を搬入《はんにゅう》して、看板をつけて……という流れが通常だと思われています。

それがデンマークでは、あえて古い建物を探してきて、それに大規模な改修工事をおこない、リノベーション&カスタマイズして、再利用するケースが多いのです。

「古い建物こそ価値がある」

「古さこそが美」

という観点があるからです。

歴史あるものを美しく使い続けていることこそが美徳《びとく》であり、ステータスであるという考え方が常識なのです。

たとえば壁のちょっとした汚れも、「デザイン」としてとらえます。

古くなったものや汚れなどを、日本人はすぐきれいにしたがりますが、デンマークではそれを「味」としてとらえて、残そうとします。

古きものを「価値」としてとらえるということです。

少しきついいい方になりますが、京都などに代表されるような歴史的な建造物を除いて、日本は何でも中途半端にきれいにしようとしてしまうものだから、なんとなく「オシャレ」「美しい」というイメージが持たれにくいのだと思います。

車にたとえてもわかりやすいです。

ヨーロッパ車であるメルセデス・ベンツやポルシェのデザインは、何年経っても大きく変わることはありません。だから誰がデザインを見ても、ひと目で「ベンツだ」「ポルシェだ」とわかるのです。

それに対して日本車は、モデルチェンジしていくと、まったく違うかたちに変わることが多いと思いませんか。同じ車種なのに、見た目にまったく共通点がなくなってしまうのです。

すべてをリセットして、どんどん新しくしてしまうのが日本。デザインのよきものを継続して、それを少しずつバージョンアップしていくのがヨーロッパの考え方、ということです。

日本はその「継承《けいしょう》」という意識が、じつは世界的に見ても少ない国なのだと思います。

汚れてしまったら、すぐきれいにしたがるのが日本人で、汚れでさえもデザインとしてとらえるのがデンマーク人。

たとえば、大切にしているものに傷がついたとします。

多くの日本人は、

「この傷をどう直そうか」

と考えます。

それに対して、デンマークの人々は、

「この傷をどう残そうか」

と考えるのです。

だから建物に対しても一緒で、どうやってこの古いデザインを残して、住みやすくしようかなということに、趣向《しゅこう》を凝《こ》らすのです。

この考え方は、近年日本でも、リノベーションとして、動きが高まってきており、若いオシャレな人たちによって、古いものを残そうという考え方が活発化してきました。

町屋を改造してシェアハウスにしたり、古い旅館を改造してデザインホテルにしたり……。

そういったことを考える若者が増えてきたこと自体は、非常にいい流れだと思いますが、まだまだ常識とまではいえません。

古いものこそ美しい。

古きよきものを継承していく。

そういった考え方が、デンマークの「豊かさ」「幸福度」といったキーワードに影響しているのではないでしょうか。

イスをつくる人にも、座る人にも愛がある

デンマークへは、いままで何度も足を運んでいますが、そのたびに勉強になることばかりです。

デンマークを代表する「カール・ハンセン&サン」という家具メーカーを訪問したことがありますが、やはり社内のインテリアはレベルが高く、空間というものを大事にしているということがよくわかりました。

「コロナチェア」などで有名な「エリック・ヨーエンセン」という家具メーカーも訪問しましたが、ここも例によって築100年以上の工場を、リノベーション&カスタマイズした素敵な空間でした。

デンマークで様々な家具メーカーを訪問して、やはり手作業という部分へのこだわりの強さは尋常《じんじょう》ではないと感じました。

「コロナチェア」というイスは日本でも有名ですが、製作工程はすべて手作業です。

北欧家具の特徴の部分でも書きましたが、多くのデンマーク家具というのは、職人が手作業でつくっており、機械でつくるという概念がほとんどありません。

一つひとつ丁寧につくっていく。だから値段も高いものが多いのですが、本当に良質で、長持ちするのです。

「つくり方を変えない」というよりは、むしろ「変えたくない」という意識を持っているのだと思います。

私も何度もインタビューして思ったことですが、ものを大切にするのは当然ですが、ものができる工程も大切にしているといいます。

手作業の職人たちに聞いてみても、

「**見えない部分だからこそ、こだわるのです**」

という答えが返ってきます。

高級自動車メーカーの「ロールス・ロイス」なども同じです。すべて大切に手作業で、なおかつそれを楽しみながらつくっています。

職人側のそうした考えに対して、イスに座る人たちも、職人が手でつくっているというところに愛着を感じながら座っています。

デンマークの家具職人たちを見ていて思うことがあります。

これから世の中ではさらにＩＴ化、機械化が進んでいき、いま人間がこなしている約半分以上の仕事がなくなるといわれています。

そんななかで、いわゆる極端な位置にあるものしか生き残ることができなくなっていくのではないかと、私は思っています。

いま話題の電気自動車メーカー「テスラ」のように、自動化するものはとことん自動化していく。逆に、デンマークの職人たちのように手作業にこだわり、人間が丹精《たんせい》込めてつくり続けるブランドに関しては、これから先も残っていくと思います。究極の二極化時代は、もうそこまできています。

デンマークの家具ショールーム

暮らしと
心を豊かにする
Chapter1のまとめ

- デンマークの「幸福大国」の秘密はインテリアにある
- 北欧家具は長く使い続けることが前提でつくられている
- デンマークには世界的な家具メーカーが多い
- 家具選びはじっくりと時間と労力をかける
- 古いものを継承していく
- ものができる工程まで大切にする

Chapter

2

良質な暮らしは、デンマーク人に学ぶ

「自信」と「誇り」を持つ人々

多くのデンマーク人にインタビューをしてきて、彼らに共通するのが、自分の空間に「自信」と「誇り」を持っている、ということです。ひいては、自分自身にも自信を持っている人が多いように感じます。

たとえば海外の友人が訪ねてきたら、デンマーク人は自分の家に招待することが多いです。

「自分たちの国はインテリアにおいて、最高峰である」という自負を持っている人たちが多い国だからこそ、作品ともいえる「自分の家」に、ためらうことなくお客様を招くことができるのでしょう。

それに対して、私たち日本人はどうでしょうか。

「家飲み」が増えていたり、ホームパーティを開く人も少なくありませんが、自宅に招くということに、なんとなく躊躇《ちゅうちょ》してしまいませんか。少し極端になるかもしれませんがインテリアにも、自分自身にも、自信がない人が多いからではないかと私は思っています。

この本のタイトルは『なぜデンマーク人は初任給でイスを買うのか？』ですが、ある大手保険会社のデータによれば、初任給で家具を買う日本人は６％に満たないそうです。

日本人は、どちらかといえば自分の家に関するものよりも、自分の身のまわりのものにお金を使いがちです。

デンマークの人が自分自身が幸せに過ごす、自分自身が快適に生きる、というところにお金を使うのに対して、日本人は自分を着飾るものにお金を使うと、私は思っています。

デンマーク人は初任給で、自分や大切な人が快適に暮らすための空間にお金を使う。

そのことから日本人は大切なことを学べるような気がします。

自分を着飾るものにお金を必要以上にかけてしまう日本人と、自分自身や自分の大切な人が幸せに、快適に過ごすためにお金を使うヨーロッパ人、という大きな違いが、オシャレさや幸福度や心の豊かさに直結しているのです。

インテリアは、その空間にいるすべての人を幸せにする

海外に出張に行くたびに思うことは、日本人は洋服などにすごくこだわっているということです。

ヨーロッパと比べると、実際に日本には至るところに洋服店があって、年中セールをやっています。

前で、自分に自信がないために洋服で着飾る日本人、という話をしました。

自分に自信がないと、必要のない競争が生まれてきます。

見かけや持ち物で、

「自分のほうがいいものを持っている」

という変な競争が起きてしまうのです。

そういう意味では、日本人はプライドが高いといえます。

もちろん私も、洋服もバッグも車も好きです。

でも必要以上に買いすぎないように注意しています。

ヨーロッパの人に聞くと、日本人のように、ローンを組んで洋服やバッグを買うという行動はとても驚かれます。

たしかに、本当にローンを組んでまで、それらを買う必要があるのかと感じます。

そうすることで、あなたはどれだけ幸せになったかと問われても、答えられないのではないでしょうか。

洋服は人から見られているようで、じつはほとんど見られていないことのほうが多いので、結局は自己満足なのです。

実際は恋人のような親しい関係でも、前に会ったときに何を着ていたかなんて、覚えていないと思いませんか。

洋服にお金をかけることを否定しているわけではありません。私も好きですし、楽しいのはよくわかります。

ですが限られた費用のなかで、より自分自身が幸せに生きるということをテーマにしたときに、本当に何が大切なのかを考えてほしいのです。

洋服は基本的に、着ている本人だけを気分よくさせるものです。前でも書いた通り、ほぼ自己満足の世界です。

では、この本の主役である家具やインテリアはどうか。

それらが本人だけを満足させるものかといったら、そうではありません。

自分がお金と労力をかけてつくった空間で、招いたお客様や大切な人が、「快適だね」「居心地がいいね」とくつろいでくれる。

そして実際、知人宅に訪問したときに、素敵なインテリアだったら、洋服と違って覚えていますよね？

インテリアとは、その空間にいるすべての人を、幸せにし、そして印象づける要素を持っているのです。

北欧式の最高の「おもてなし」は、家に招くこと

デンマークをはじめとする、北欧の人々には、自宅に人を招くことが最大の「おもてなし」である、という考え方があります。

人を家に招いてホームパーティーをする。何かお祝いごとのときは、家に主役の人をサプライズで招いて、パーティーを開いてあげる。これがデンマークの文化では当たり前のことです。

だからこそ、インテリアをよりよくしようという意識が高いのです。

その点、日本はどうかというと、家に人を招くという文化があまりありません。

もちろん、

「私の家は狭いから、人を招くような家じゃない」

という人もいるでしょう。

たしかに日本、とくに東京などの都心部の住宅事情を考えると、狭い家に住んでいる人が多いです。

しかし、おもてなしにおいて家の広さは関係がありません。

招かれた人は、

「**自分のプライベートな空間でおもてなしをしてくれた**」

ということに喜びを感じるのです。

家の広さに喜びを感じるわけではないのです。

その人なりに精いっぱいのおもてなしをするという、その行動が嬉しいのです。

もちろん高級レストランでおもてなしをするというのもいいでしょう。

それでもやはり、自分の住環境に人を招いて、そこでおもてなしをするという行動が、本来の人間の本質的な喜びなのではないでしょうか。

デンマークでは、外食する人が少ないです。そうした文化的背景があるので、外食産業がそれほど栄えていないのです。

レストランでデートをするのがあたりまえの日本に対して、デンマークではそうでもありません。

決してデンマークの人々が外食を否定しているわけではありませんが、男性も女性も多くの人が料理をします。

人を招いて料理をふるまうからです。

その感覚が日本人にあるかというと、残念ながら少ないのが現状です。

極端な話、財布を出して、お金を払ってあげることがおもてなしだと思っている人が多いくらいです。

自分の身体を動かして、おもてなしをするというのは大切なことです。

おそらく昔の日本だったら、そのような文化があったのだと思います。

しかし現代の日本に、誠心誠意、自分の時間を費《つい》やしておもてなしをすることが常識になっているかというと、それはやはりヨーロッパの人たちには明らかに劣《おと》ってしまうのです。

日本では家に人を招いて料理をふるまうというと、どうしても彼氏や彼女という特別な関係にある人をイメージしがちです。

それもコミュニケーションを狭くしている要素の一つかもしれません。

本当に親しくしたい人、お世話になっている人など、招いてみたいと思ったら、遠慮せず行動してみればいいと思うのです。

そうした行動が、人との親密度をより深め、心を通じあえる理由になるのだと思います。

使うほど味が出るのが、本当の「家具」

「道具」を買うのと「家具」を買うのは、似ているようで違います。

ちなみに、リグナで売っているものは「家具」だと、自信を持っていえます。

最近は価格の安いものにお客様が流れて、組立式の安価な家具メーカーに人気が集まっています。

誤解を恐れずにいうと、これは家具に見える「道具」であると、私は思います。

「家具」と「道具」の違いとは何か。

その違いは明確です。

「道具」というものは、使えば使うほど劣化《れっか》して、ゴミに近づいていくものです。「家具」というものは、使えば使うほど味が出て、ヴィンテージになり、そしてアンティークになっていくものです。

前章でも話しましたが、要するに、継承していけるもの、後世《こうせい》に伝えていけるものである、ということです。

日本は、道具をそろえる文化です。

ヨーロッパでは家具を大切な資産として考え、後世に残していこうとするのです。

1万円でゴミになるものを買うのか、10万円で価値を買うのか。

その値段の差の本質が、あなたには見えていますか?

捨てるために買うのか、残すために買うのか、その違いは大きいのです。

革や木は、時間とともに味が出るのです。

合皮を買って、いまは見た目にもいいでしょう。しかし、10年後を考えたときにどうでしょうか？

破れたらどうなる？

溶《と》けたらどうする？

ということを意識する必要があるのです。

私はインテリアのプロとして、ゴミになるのをわかっている道具を買うのではなく、残していきたい家具を買いましょう、と伝え続けていきます。

ヨーロッパが古きよきものを大切にするように、日本人も家具や建物を大切に残していってほしいのです。

日本では古いものを壊して、新しく建てる。

デンマークでは、１００年、２００年、長く残っているものを、もっと残していこうと考えている。

「家具」を使うのか、それとも「道具」を使うのか。

その違いを知ることが、大切なのです。

筆者が運営するリグナのショップ「リグナテラス東京」

豊かな暮らしのコツは「空間」を上手に活用すること

ここまで、日本人とデンマーク人の考え方や文化的背景を書いてきましたが、国の違いに関係なく、「自分軸」であるか、「他人軸」であるかということを意識することが大切だと思います。

日本は基準が「自分」にある文化、つまり「自分軸」であると感じます。

もちろん、私も日本人ですし、否定しているわけではありません。ただ、そういった文化的な違いが、その国の人たちの考え方や幸福度に大きく影響をしているのだということをお伝えしたいのです。

日本人は世界基準でみると一致団結力がとても高く、助け合う民族であるといわれています。

東日本大震災のときに世界から称賛《しょうさん》されたように、みんなが助け合えるような、心優しい人たちの集まりなのです。

しかし、日本はこれだけ国をあげて「おもてなし」といっている割には、それを一般家庭の生活レベルにおとしこんだときに、各家庭にそれが存在《そんざい》しているかというと、じつはそうでもありません。

前で、インテリアは「幸せ」と結びつくといいました。「幸せ」というキーワードと「インテリア」や「空間」というキーワードは結びつくのです。

デンマークの人々のように、空間を彩《いろど》るということは、幸せになるということなのです。素敵なイス、快適なソファ、居心地のいい空間……。おもてなしをする人も、されている人も、すごく幸せになると思いませんか。

空間を変えるだけで、人は幸せを感じることができる。

そのことに気づき、実践してみませんか？

暮らしと
心を豊かにする
Chapter2のまとめ

- 自分に自信に持つことが、豊かに暮らすポイント
- 洋服は「自己満足」
- おもてなしは、家の広さとは関係がない
- 「道具」ではなく「家具」を買おう
- 空間を彩ることは、幸せに直結する

Chapter

3

人生を好転させる空間とは？

最優先は、「清潔感」

いよいよここからは、デンマークの人々が実践しているように、自分が普段いる空間を、より快適にしていくための具体的なアドバイスをさせていただきます。

自分の部屋をどうつくっていくかを考えたときに、大切なことがあります。

それは、「インテリアは五感で楽しむ」ということです。

それを知っているか知らないかで、快適な空間づくりの結果は、まったく別のものになります。

まず最初に知っておいていただきたいことは、部屋づくりをするうえで、大切なことは何か、ということです。

大切なのは「清潔感」です。これが何よりも優先したいことです。**清潔感がない部屋は、どんなにオシャレな家具を置いていても、快適な空間にはなり得ません。**


まずそれを大前提として、空間をつくることを考えてください。

どれだけいい家具を置いていても、ほこりがかぶっていたり、脱いだままの服が積まれていてはだめなのです。どれだけ高級な絵を飾っていても、ジメジメした虫が飛んでいるような部屋はアウトなのです。

インテリアにおける「清潔感」を他の言葉で表すと、「爽やか」「快適」といった表現になると思います。

では、それをどうやって表現できるのかというテクニックを、これからお伝えしていきます。

部屋に入って、最初に気になるものは何か？

部屋づくりをしていくうえで、意外にも多くの人が気づかないことがあります。

人の家に行って、玄関の扉を開けた瞬間に、最初に気になるものは何でしょうか。

それは「匂い」です。

どんな人の家にも生活臭というものがあり、住んでいる本人はその匂いに慣《な》れてしまっているために、どうしても気づかないのです。

あなたも、人の家にお邪魔した際に、「なんとなくこの家の匂い、苦手だな」という経験をされたことが一度はあるのではないでしょうか。

それだけ人間は匂いに敏感《びんかん》なのです。それにもかかわらず、自分の部屋の普段からの匂いを、気にかけている人が意外と少ないというのが現状です。

北欧の人たちはまず匂いを気にします。

嗅覚というのはそれだけ敏感な感覚でありながら、多くの人が部屋の匂いまでは意識していないということは、逆にいえば、ドアを開けた瞬間にいい匂いがした部屋は、その時点で好感度が一気に上がるということです。

いい香りがすると、

「この部屋の奥に進みたい」

という願望に変わるのです。

逆に、玄関を開けた瞬間に嫌な匂いがしたら、その時点で足を進めたくなくなるのです。どんなにインテリアの見栄《みば》えがよくても、気持ちは玄関でストップしてしまいます。ただし、これは仕方のないことです。

人間の鼻は匂いに慣れるようにできていますので、意識して空間にいい香りをつけようとしなければ、どうしても自分自身の匂いが部屋全体にうつるようになってしま

うのです。

それであれば、誰が嗅いでもいい香りをつければいいだけのことです。

そのときに使うのがアロマやフレグランスです。

いい香りのするルームフレグランスを、一日数回スプレーするだけで、部屋にいい匂いがしみつくようになります。とくにリビングには柑橘《かんきつ》系の香りがいいでしょう。

なかでも望ましいのは、**オーガニック系のアロマ**です。オーガニックなので健康にもよく、本当の意味で身体がリラックスできるのです。

私は常にそのことを心掛けていますので、人を招いたときに最初にいわれるのは、「ああ、いい匂いがする」という言葉です。

多くのインテリア本には、香りのことは書いてありません。盲点《もうてん》なのです。だから知らないうちはできていなくても仕方ありません。

でも部屋にスプレーをするだけなら今日から実践できますね。

インテリアは香りから。そのことを意識するようにしてください。

インテリアが五感に与える効果

インテリアは基本的に、五感を満足させるものです。

嗅覚、味覚、視覚、聴覚、触覚、すべてを満足させるから、重要なのです。

まずは嗅覚が大切だというのは先ほどお話しした通りです。

空間の見た目、つまり視覚さえ満足すればいいと思っていて、他の感覚を無視していてはいけません。


たとえば聴覚はどうか。

「聴覚なんて関係ある？」

と思った人もいるかもしれませんが、素敵な空間とＢＧＭは切り離せないものだと思いませんか。

空間に流れる音楽は、その空間の雰囲気を決める大きな要素になります。

家の場合は、その人のセンス、その人の価値観がわかります。

話をしなくても、いきなり音楽というかたちで、相手の耳に直接伝えることができるのです。

音楽のことはまったく詳しくないという人は、まずは「ジャズ」のベストアルバムをかけてみてください。それだけで一気にオシャレな空間に変わります。


視覚に関しては、いわずもがなです。

見た目に汚い空間、雑多《ざった》な空間というのは、どうしても居心地の悪さと不快な気分を感じてしまうのです。

デンマークの人々の家は、どの家庭も見た目に美しく、余計なものは置いていません。

味覚もインテリアに大きく影響します。

カフェやレストランをイメージしていただければわかりやすいかと思います。**素敵な空間でとる食事は、何倍にも美味しく感じることがありますね。**

一見関係ないように感じますが、空間は味覚に大きく影響しているのです。

触覚も大切です。

イスの座り心地、テーブルの木の質感、**人間は触るものすべてにぬくもりやストレスを感じるようにできています。**

デンマークの人々が、職人たちの手作業でつくられた高価な家具を使用するのは、触覚で感じるよさを大切にしているからです。

このように、五感すべてに影響を与えるのがインテリアです。

インテリアを変えるだけで、暮らしの質が一気によくなるということが、わかっていただけたでしょうか。

インテリアは、自己満足はもちろん、他己《たこ》満足でもあります。あなたのまわりの人を満足させうるものが、インテリアであり、空間なのです。

あなたの大切な人を、満足させることをまず軸に置いて考えるのが、インテリアのセンスアップです。

部屋は南向きがいいとは限らない

インテリアは五感で楽しむという話をしましたが、部屋に差し込む光は非常に大切な要素です。やわらかな光につつまれた明るい空間では、人は穏やかで幸せな気持ちになれるのです。

これは部屋選びのときの話になりますが、日本では部屋を探すときに、南向きの部屋が、日が差し込むいい部屋だとされています。

しかし、それは日本だけの常識であって、むしろ海外では、とくに階層が10階以上の部屋であれば、北向きの部屋のほうが高い値段で取引されます。

意外に思われるかもしれませんが、**北向きの部屋のほうが人気なのです。**

理由は、直射日光が入らないからです。

つまり、家具が傷《いた》まないということです。

そして、順光なので、景色が美しく見えるのです。

南向きの部屋は、逆光なのです。たしかに明るいのですが、日光で家具も傷むし、景色も見えにくくなります。

北向きの部屋こそ、自分の部屋の後ろからバックライトを当てて、景色をきれいに見せてくれる部屋なのです。

ちなみに、私の自宅は北向きです。

それでも、日中は明るいし、植物もよく育つし、夏は窓を全開でクーラーをつけなくても気持ちがいいほどに快適です。

とくに10階以上の高層階に住むという人は、日当たりがいいからとにかく南向きの部屋のほうがいい、という一辺倒《いっぺんとう》な考え方は、一度捨てたほうがいいかもしれません。

ワンルーム・ワンアート

デンマークにかぎらず、欧米ではそれぞれの部屋や廊下に、必ずといっていいほどアートがあります。

絵画や写真、オブジェなど、空間を彩るための大切なオプションとして、海外では常識です。

私も常日頃から「日本にもワンルーム・ワンアートを」という考え方を提唱《ていしょう》しています。

読んで字の如《ごと》く、「一つの部屋に、一つのアートを置きましょう」ということですが、これは空間やインテリアをつくるうえで必ずやってほしいことです。

なぜなら、**アートというものは、暮らしの豊かさの象徴《しょうちょう》であるからです。**

一つの空間につき、一つの絵を飾るという習慣は、まだ日本ではそこまで常識とはいえません。

どうしてもアートに関しては、あとまわしになりがちです。

しかし、考えてみると日本でも、とくにお金持ちの人は、たとえば洋服に飽きた、車に飽きた、お金もある程度稼いだ、となった人が最終的に行きつくものが、「アート」です。

国を問わず、富裕層の最終到達点、物欲の最終到達地がアートなのです。

だからこそ豊かさの象徴といえるのかもしれません。

アートがなくても生きてはいけますが、アートがあることによって自己重要感が満たされ、心と暮らしが豊かになる。

だからこそ「ワンルーム・ワンアート」は必要なのです。

富裕層の最終到達点という大げさないい方をしましたが、なにも高価なものだけがアートではありません。

名もない絵描きの油絵や、有名なイラストのコピーでも構いません。

たとえ数千円でも、自分の感性が動かされるもの、部屋に飾ったら合うだろうと感じるものを、難しく考えずに選んでみましょう。

「私は絵には興味がないからいいや」と思っている人も、自分の部屋に飾ることを目的として絵を見ると、真剣に見ることができるようになります。


アートは贅沢で、しかも実用的です。


空間を彩るという意味では、これほど効果絶大なものはありません。

日本では世界的なデザイナーやクリエイターが育ちにくいと、しばしばいわれますが、「ワンルーム・ワンアート」の考え方が常識となれば、それも変わってくるかもしれません。

逆にいうと、世界で活躍するデザイナーやクリエイターが欧米に多いというのは、アートという文化が常識になっていて、アーティストの社会的地位もそれなりに確立されているということが、その理由の一つであるといえます。

日本にもっとアートに興味を持つ人が増えてくると、それこそクリエイターの価値や必要性が高まり、もっとクリエイティブな領域で勝負のできる国になっていくのだと思います。

「絵が趣味です」

「アートがコレクションです」

といえるということが、どれだけ品位があって、教養があることであるかということを、もっと多くの人に知ってほしいのです。

では実際に、初めて「ワンルーム・ワンアート」を実践しようとしたときに、どういったアートを選んでいけばいいのでしょうか。

アートの値段はピンからキリまであります。

だから前でもいいましたが、値段ではなくて、その部屋の空間に合ったものを選ぶようにします。

まず、初心者の方におすすめのアートの選び方として、どんな部屋にも合わせやすいものを選ぶといいでしょう。

そこで、**最初はモノクロのフォトアートから入ることをおすすめします。**

海外の写真のモノクロのフォトアートを、シンプルな額に入れて飾ってみてください。それだけで空間の印象はまったく変わってきます。

モノクロ、モノトーンというのは、どんな空間でも、主張をしすぎず合わせやすいので、フォトアートではなくても、絵画でも最初はモノクロのものを選ぶと無難です。

これはアートのコーディネートの基本中の基本です。

またその応用編として、同じサイズの絵を2〜3枚、等間隔で同じ高さに並べてみるとオシャレです。

そこに照明でスポットライトを当てるだけで、一気に品のあるアートギャラリーに変わります。

美術館やアートギャラリーは非日常の空間です。

その非日常的な空間を、日常の空間に導入することで、オシャレになるということを知っておきましょう。

リグナがコーディネートしたインテリアとアート

あなたにも、空間を彩るアートはつくれる

モノクロのフォトアートの話をさせていただきましたが、フォトアートは買わなくても、自分でつくることができます。

いまの時代は携帯電話でもきれいな写真が撮れますので、携帯電話で撮った写真をモノクロに加工して、文具店などで売っている額で額装すれば、それだけでも立派なアートになります。

ネットでも無料の画像素材がいくらでも集められる時代です。

高画質のものをプリントアウトして、額装するだけでもアートです。

多くの人が海外旅行に出かけたときに写真を撮るはずです。

ただ、なぜか日本に帰ってきてから、その海外で撮った写真を使う人は少ないと思いませんか。

何のために写真を撮っているんですかと聞くと、

「なんとなく」

「キレイだから」

「思い出に」

といいますが、撮るだけ撮って、あとは見ない、使わないという人がほとんどではないでしょうか。

撮った写真をモノクロでレイアウトするだけで、オシャレなアート作品ができあがるというのに、じつにもったいないと思ってしまいます。

私も旅行に行ったら、自分の部屋に飾ることを意識しながら、多くの写真を撮るようにしています。

プロの写真家というわけではありませんので、自分の感性でいいのです。

「なんとなくきれいだな」

「この風景写真を額装したらオシャレだろうな」

そんな感覚で撮るくらいで大丈夫なのです。

自作したアートを飾ったら恥ずかしい、なんて思うことはありません。

ある一定の富裕層は、

「この絵は誰々のいつの作品だね」

といって知識と教養と会話を楽しむものとして、アートを考えている傾向もあります。高級ワインを楽しむのと同じ発想ですが、まずはそこまで考える必要はありません。

もっと等身大で、自分の感覚でアートを楽しんでいいのです。

高級ワインを語り合いながら楽しむのもいい、自家製のサングリアを自宅にお客様を招いて楽しむのもいい。どちらにも同じ価値があるのです。

どちらがカッコいい、どちらがカッコ悪いもないのです。

お友達を自宅に招いて、

「素敵なフォトアートだね」

といわれたときに、

「それ、自分でイタリアに行ったときに撮ったものなんだ」

と答える人が、もっと増えてほしいと思っています。

「アートは自分でつくってもいい」

そのことがわかると、「ワンルーム・ワンアート」という感覚の幅が大きく広がります。

アートは値段ではなく感性。

感性が磨かれることによって、より生活の質が向上し、豊かな暮らしを手に入れることができるようになるのです。

壁をアートにしてしまう

空間は面積を大きくとる部分が目立ちます。

室内でいうと大きなスペースは「壁」です。

たとえばあなたの自宅が賃貸マンションならば、退去するときのことを考えて、壁紙はそのままキレイに使うことを考えるはずです。しかし、じつはそんな環境の方々にも壁紙をオシャレに有効活用する方法があるのです。

最近では既存の壁紙の上から、自分で選んだ好みの壁紙を貼るサービスが提供されています。退去するときや、その壁紙に飽きたときは、はがして、元の壁紙に戻すことができるのです。では、具体的にはどんな壁紙を選んで、さらにはどの壁を貼りかえるのがいいのでしょうか。すべての壁紙をかえる必要はありません。

たとえばリビングならば、一番大きなソファなどの後ろにある壁紙を一面のみかえる、ベッドルームならばベッドのヘッドボードの後ろにある、同じく大きな壁紙を一面のみかえる、といったやり方がいいでしょう。トイレの突き当たりの壁なども、素敵な壁紙にかえたらゲストが驚いてくれます。

意外な場所に手をかけるほど、感動が大きいのです。

柄《がら》については好みの部分も大きいですが、できるだけ自分がほっとできる素材感のある壁紙を選ぶようにしましょう。見た目が「木」や「布生地《きじ》」、また流行りの「プリント柄」のような、素材感のある壁紙であると無難です。

私の自宅の場合は、リビングにはダークブラウンの木目の壁紙、ベッドルームには淡いグレーの布柄の壁紙とネイビーの壁紙、トイレには本棚の絵柄のプリント壁紙を貼っています。

真っ白だった普通の壁紙のときと比べると、劇的に空間全体が生まれ変わるのです。

壁紙を一面かえるだけ（筆者自宅）

カラーはあえて統一させない

リグナに家具を探しに来るお客様に、
「ドアが白いので、ソファも白いものを選びたい」
「床と建具がこげ茶なので、家具もこげ茶で統一したい」
と、相談されるケースが多いです。

プロからいわせていただくと、それは「素人《しろうと》」の発想です。

さまざまなテイストや色などが混在するからこそ、素敵なインテリアコーディネートとなります。

どれも同じ色で統一したら、シンプルにはまとまりますが、オシャレな仕上がりになるのかといわれると疑問です。第1章で、北欧家具は原色系を好んで使うと書きました。その組み合わせが大事なのです。

ただし、そうはいっても、どんな色を組み合わせたらいいのかわからないのが普通です。そういうときはとにかくプロのコーディネーターに相談することです。

リグナでも無料でインテリアコーディネートの相談に乗っています。決して安い買い物ではないので、気軽にどんどん相談して、ワンランク上のカラーコーディネートのセンスを目指しましょう。

すでに同じ色で統一してしまったというあなたは、**差し色でオシャレな空間づくりを意識してください。**

差し色とは、そこで使っていない意外な色をワンポイントで導入することです。

たとえば、クッションや照明やイス一脚など、いつでも模様がえをしようと思えばできなくないアイテムを、差し色アイテムとして活躍させましょう。

余計な飾りは、マイナスポイントになることもある

インテリアに余計なものはいりません。

アートを飾るのと、無駄なものを飾るのでは意味が違います。

たとえば「これもアートだ」とジグソーパズルを壁に飾っているようではダメなのです。アートとおもちゃをはき違えてはいけません。


「Less Is More（レス・イズ・モア）」


という言葉があります。

少ないことが豊かである、最小限こそが最高のものだ、といった意味の言葉なので

すが、まさにインテリアもその通りです。

主役の飾り物が一つのフォトアートだとしたら、他には余計なものは飾ってはいけません。

ただし、逆に北欧の雑貨店のように、あえて雑多感を演出する場合もあります。

私は割とそれが好きですが、これはどちらかというとインテリア初級者がやろうとすると失敗してしまうケースが多くなります。

まずは「Less Is More」の発想を意識しているほうがいいといえるでしょう。

日本で「Less Is More」の空間の代表的な例というと、寿司屋です。

寿司屋の職人のまな板の上は、ネタを切ったり仕込んだりしたあと、その都度毎回、手拭《てぬぐ》いできれいに拭きます。

ネタの乗っているガラスの台の上もきれいに磨かれていて、他に何も乗せない。

それを見ていて我々は美しいと感じるわけです。まさに「Less Is More」です。

「Less Is More」こそ美しさである。

そのことを意識するようにすると、暮らしの質が向上します。

暮らしと
心を豊かにする
Chapter3のまとめ

- まずは何より「清潔感」
- 玄関を開けたときに、最初に気になるのは「匂い」
- インテリアは五感すべてに影響を与える
- 部屋は北向きを選ぼう（高層階に限る）
- アートは値段ではなく、その部屋に合うものを選ぶ
- 自作したアートを飾ることは、恥ずかしいことではない
- 主役以外、余計なものは飾らない

Chapter

4

北欧式 夢をかなえる部屋のつくり方

玄関にはイスを置こう

家に入る際に、必ず最初に通る場所が玄関です。

「玄関は家の顔」といわれますが、デンマークでは、玄関からすでにお客様の心をつかむことを意識しています。

ここでは、あなたもいますぐ実践できる、玄関でお客様の心をつかむテクニックをお伝えしたいと思います。

まず、日本と海外で、玄関において大きく違う部分があります。

それは、日本は「靴を脱ぐ国」だということです。

この本を読んでいるほとんどの人が、玄関で靴を脱いでいると思います。

そんな日本だからこそ、「この気遣いができると、大きくバリューが上がる」というポイントがあります。

それは、「玄関にイスを置く」ということです。

意外に思った人もいるかもしれませんが、答えは簡単です。

お客様が靴を履《は》いたり脱いだりするときの、気遣いだということです。

「イスを置くスペースなんかないよ」

と思う人もいるでしょうが、イスといっても、仕事で使うような大きなイスもあれば、「スツール」といわれる背丈の低い四角い小さなイスもあります。

高さも30センチもあれば十分です。人がしゃがんだときに靴ひもを結べる高さであればいいわけです。

革靴を履いている男性、ブーツを履いている女性、みなさま経験があるかと思いますが、立ったまま靴を履いたり脱いだりするのは難しいですよね。

玄関に小さなイスを一つ置くだけで、その悩みは解消されるのです。

あなたは玄関にイスを置いていますか？

おそらく、多くの人が置いていないのではないでしょうか。

昔の日本家屋《かおく》であれば、このような悩みはありませんでした。

多くの住宅が一軒家であったため、玄関先に式台がありました。そこに腰を掛けて靴の履き脱ぎができたわけです。昔のテレビドラマや映画なんかでも、式台に腰掛けて、靴を履いたり脱いだりというシーンを目にされた人はいることと思います。

ところがいまの住宅は、マンションが主流になってきました。

そして、バリアフリーが進んで、欧米型のスタイルに変わり、フローリングの住宅になりました。

段差がないことがいいことだ、という時代になったのです。

でも、冷静に考えれば、これは少しおかしいのではないかと思います。

段差のない欧米スタイルというのは、靴を脱がないことが前提でつくられています。

日本は靴を脱ぐ文化であるにもかかわらず、段差のない欧米スタイルの住宅が増えているのです。

全体的には欧米化してきても、部分的に欧米化しないので、快適であるはずのものが逆に不便なものになってしまう。このような矛盾《むじゅん》がおきているのが、日本の住宅の現状なのです。

昔ながらの住宅で、式台に腰を掛けて靴を脱いだ経験のある人は多いと思いますが、それがいまの都心のマンションでできるでしょうか。

それであれば、イスを置けばいいのです。

これもじつは盲点で、インテリアの仕事をしているプロの人たちでも、なかなかそこまで考えていません。

人の生活パターン、行動パターンに基《もと》づいたレイアウトがされているかどうか、ということが大切なわけです。

便利や快適につながるポイントがしっかりと配備されているかどうか。それがお客様の心をつかめるかどうかの分かれ道になるのです。

前で、インテリアは他人を幸せにするという話をしましたが、最終的には他己満足は自己満足とつながるのだと思います。

人を喜ばせることが、自分の幸せになる。

これはインテリアだけに限らず、ビジネスなど、すべてのことに通ずるのではないでしょうか。

玄関は家の入口であり出口でもあります。誰もが必ず通る場所です。

この玄関という場所を、常にきれいに、そして常に快適にすることで、部屋全体の空間の質が大きく変わります。

玄関も一つの部屋であるというくらいの気持ちを持って、お客様をおもてなししましょう。

イスを置いていますか？　靴ベラはありますか？　傘立ては用意していますか？

玄関にもアートを飾っていますか？

「玄関は最初の部屋である」

そのおもてなし意識が、あなたの空間を変えるのです。

筆者の自宅玄関

癒やしのインテリアグリーンは「鉢」が決め手

あなたが家に帰って、くつろぐ場所。そしてお客様を招いて、まず入ってもらうのは、リビングであるケースが多いのではないでしょうか。

ソファに座ってテレビを観たり、カーペットに寝転んでみたり、リビングでの過ごし方は人それぞれあるかと思います。

リビングはどうしても長い時間を過ごす空間であるために、それだけ「癒やし」という要素が重要になってきます。

自分の部屋にいる場合もそうですが、たとえば人の家に招かれたとき、最初は少なからず緊張しますよね。

そのちょっとした緊張感をほぐす要素があります。

その答えは「グリーン」。つまり植物です。

グリーンがあるのとないのとでは、部屋の「癒やし」のイメージが変わります。だから私たちリグナでは、インテリアのデザインをするときに、各部屋にグリーンの要素を必ず入れます。

そういうと、住宅の場合はいいですが、飲食店だと虫がわくと心配される人がいます。そうした場合には、虫がわく心配のないフェイクグリーンでもいいのです。必ずしも本物である必要はありません。

よく耳にされることかと思いますが、グリーンというのは視覚的に、人の気持ちを安定させる効果があります。

考えてみれば、古来より人間は自然と共存していた生き物なので、グリーンで落ち着くというのも納得ができます。

昔は当たり前のように共存してきたものが、昨今、とくに都心部においてはその環境がなくなってきています。

つまり、人は潜在的にグリーンを求めている、ということがいえるのではないでしょうか。

では何から行動すればいいのか。

最初は簡単でいいのです。

まずは近くの園芸センターなどに行って、観葉植物を買って、部屋に置いてみましょう。これだけでも、グリーンがまったくないよりは、空間としての質はいいものになります。

しかし、もうワンランク上のグリーンの置き方があります。

それは、

「**鉢にこだわる**」

ということです。

観葉植物は園芸センターのようなところで購入すると、その多くがプラスチック製の既製の鉢に入っています。

それをそのまま部屋に置くだけでは、インテリアのプロという視点からいわせていただくと、30点です。

鉢は別に購入しましょう。

これがインテリアグリーンを置くうえで、もっとも大切なことです。

空間をつくる側のセンスが出てくるポイントなのです。

ホームセンターに行けば、鉢だけでも売っています。

植物を植え替えてください、といっているのではありません。

既製のプラスチックの容器に入った最初の状態に、上からかぶせるだけでいいのです。それをやっているかやっていないかで、大きな違いが生じます。

観葉植物を部屋に置いているという人は多いですが、鉢まで意識している人は少ないのではないでしょうか。

決して難しいことではありません。高価な鉢を買う必要もありません。数千円で売っているので、そんなにお金がかかるものでもありません。ただ、そのひと手間が大切だということです。

グリーンを、そのまま市場から買ってきたような状態で置いてはいけないのです。出荷時の状態でものを置くということは、洋服を買ってきて、ビニールの中に梱包《こんぽう》されたままで置いているようなものです。

グリーンにも、きちんと洋服を着せてあげましょう。

そこまで気を遣えるかどうか。

これがインテリアテクニックの一つです。

意識している人にとっては当たり前のことですが、まだ多くの人に、当たり前として認知されていないのが現状です。

部屋に置くための状態にして、初めてインテリアグリーンになるということを意識しましょう。

グリーンは「鉢」が決め手

ラグ一枚で、床を一気に快適にする

リビングにはソファを置いている、という人が多いと思います。

ただ、私は多くの日本と海外の住宅を見てきて、日本人というのが、ソファに座るということに向いていない人種なのかもしれない、と思うことが多々あります。

どういうことかというと、日本人は靴を脱いで部屋にあがり、床に座ることを好むからです。

もちろんソファは、座ってくつろいだり、横になって寝たり、リビングの癒やしという要素で大切なアイテムの一つです。

あなたも人を家に招いたら、まずはソファに座っていただくことが多いのではないでしょうか。逆の立場の場合もしかりです。

ですが、しばらくしたらなぜか、ソファをおりて床に座っていることが多くありませんか？

多くの人が「私もそうしている」とピンときたのではないでしょうか。

これはまさに日本人の特徴なのです。ヨーロッパの人は絶対にしません。

日本人はなぜか床に近いところが好きなのです。

これは日本人の民族性が出ているためです。

日本人は昔から床で暮らしてきた人種であり、床に布団を敷いて寝る民族です。近年は欧米化してきたとはいえ、そこに特徴が出てくるのは当たり前のことなのです。

つまり、ソファも大切ですが、それよりも大切なのは、

「床を快適にする」

ということです。

そこで私は常々、カーペットを敷くのはもちろんですが、「ラグ」を敷くことをお

すすめしています。

ラグというのは、部分的に使用するミニカーペットのようなもので、だいたい3畳くらいまでの大きさのものを指します。

ラグが敷いてあれば、床でくつろぐことがより快適になります。

さらに、ラグは床に置くワンポイントのアートになります。

私は家具インテリア会社を経営していますので、もちろん家具も大切なのですが、床にも興味を持っていないと人をおもてなしできない、ということを常に意識しています。

ソファの上はきれいにしているけれども、床までは気がまわらない、という人が多いのではないでしょうか。

いきなり床に座る人は少ないですが、団らんが進んでいくと、日本人は床に座っていくのです。とくに女性は、スカートをはいていたりすると、下着が見えてしまったりすることもあるので、床に座りたいのです。部屋づくりをしていくうえで、人がいかにして快適に過ごすのかということを分析して、おもてなしを考えましょう。

床を快適にしよう(筆者自宅)

フローリングとカーペット、どちらがいいの？

日本人は床で過ごすことに快適を感じます。逆に、ヨーロッパの人々は土足のライフスタイルなので、床には座りません。

私は、日本人の「靴を脱ぐ習慣」というのは、素晴らしいと思います。足の血行を悪くしない、水虫にならない、という意味でも、健康的にも衛生的にもいいことであることは間違いありません。

さまざまな意味合いで、靴を脱ぐというのは素晴らしい文化です。だから、その文化を最大限に活かすためのおもてなしを考えるべきなのです。

日本人向けに、シンプルに居心地のいい部屋を目指すなら、できる限りすべてのアイテムを低いポジションにして、床で過ごすことを考えつつ、部屋づくりをするべきです。

ソファはできるだけ低めの座面のものを選びましょう。

ラグはきれいなものを敷きましょう。

具体的なアドバイスはいくつもありますが、私はまず何よりも、

「フローリングではなくカーペットにしましょう」

とおすすめしています。

日本人はフローリングが好きです。なぜなら合理主義の人が多いからです。

タイル張りやフローリングが好きな理由は、「スタイリッシュだから」「カッコいいから」という理由よりも、「掃除をするときにラクだから」という理由が上位にきます。ワインをこぼしても簡単に拭き取れるからでしょう。

いまの日本の住宅の床の多くが、フローリングになっているのは、合理化していった結果なのです。掃除がしやすく、ほこりがたまりにくい、そしてダニがわかない。

でも私はその考え方は、「幸せで快適な空間づくり」という観点からいうと、はずれてしまっていると思います。

私の自宅は全部屋カーペットで、フローリングがむき出しになっている場所は廊下だけですが、掃除やほこりやダニで困ったことは一度もありません。

むしろ、まめに掃除しているカーペットの部屋のほうがよほど快適です。しっかりと掃除をしていれば、ほこりやダニがたまるようなことはありません。

「ホテルのような部屋に住みたい」

「ホテルライクな生活がしたいから、フローリングでスタイリッシュな部屋がいい」

という人にたくさん出会ってきましたが、考えてみてください。

お客様が快適に過ごすことを追求した究極系がホテルです。

そのホテルで、フローリングの部屋を見たことがありますか？

部屋に飾る時計選びは、あとまわしにしてはいけない

意外と気をまわせないポイントの一つが、部屋の時計です。

あなたは部屋に飾っている時計に、こだわりを持っていますか？

私は家具屋ですが、じつは「ＲＵＫＥ＆Ｃ」というインテリア時計のブランドもメーカーの立場で展開しています。それくらい、インテリアと時計の関係性は重要なのです。幸せで快適な空間づくりを、この本を読んでいるあなたにもすぐに実践していただきたいので、早速お話しさせていただきます。

部屋づくりの本で「引っ越しをしなさい」といわれても、なかなか行動には移せま

せんが、時計をかえるぐらいであれば、いますぐ実践できるはずです。もちろん、高価なものである必要はありません。

第3章で「五感」の話をしましたが、時計というのは「五感」でいうと、どれにあたるでしょうか。もちろん、視覚です。

どうして時計がそこまで大事なのか。

「誰もが絶対に見るものだから」という理由はもちろんですが、時計というのは、「人の目線の高さに置くもの」だからです。

歩いて部屋に入ってきて、自分の目線と同じ高さにあるものが、時計なのです。

部屋に入ってきてまずそこに目がいったときに、壊れかけのボロボロの時計が飾ってあったらいかがでしょうか。

実際に部屋に飾る時計にそこまでこだわっている人は、まだまだ少ないのが現状です。部屋づくりをしていくなかで、多くの人が時計はアイテム選びの後半に持ってきているのではないでしょうか。

逆にいえば、多くの人が「オシャレなこだわりの時計」というものを見慣れていないということです。

つまり、時計がオシャレなだけで、ワンランク上の空間に変わるのです。

時計が重要という、もう一つの大きな理由が、「時計は目的を持って見るものである」ということです。目的がなく見るものと、目的があって見るものでは、視覚からの伝達力というのはまるで違います。

たとえばテーブルは、食事をするときに必ず目に入るものですが、目的を持ってテーブルだけを見る機会はあまり多くはありません。

それに対して、時計は毎回、目的を持って見るものです。

部屋に入ってきたときに目線にあり、さらに目的を持って見る、だから時計に気を遣わなければならないのです。

真っ先にその空間のセンスと感性を、代弁してくれるアイテムなのです。

時計はあとまわしに選んでしまう人が多いと思いますが、本当は最初に選んでもいいくらい重要なアイテムなのです。

さあ、あなたもいますぐ部屋の時計を見直しましょう。

リグナオリジナルのデザイン時計「RUKE&C」

寝室を最高の癒やし空間にする方法

日本人の平均睡眠時間は、ほぼ8時間といわれています。

つまり、一日24時間のうち、3分の1をベッドの上で寝て過ごしているということです。

それだけに、寝室は他の部屋よりもさらに気を遣って、部屋づくりをしていただきたいと思います。

まず、寝室に関しては、ベッドも大切ですが、それよりもマットレスが大切です。

身体に直接触れる部分は、ベッドフレームではなくマットレスです。

人生の3分の1を過ごすマットレスを適当に選ぶということは、人生の3分の1を捨てているようなものだと、私は思います。

人間の身体はうまくできていて、時間の積み重ねで、身体に受ける影響が大きくなっていくのです。

疲れのとれ方も、マットレス一つで大きく変わります。

朝起きたとき、いいマットレスと悪いマットレスでは、前日の疲れのとれ方がまったく違います。

快適な一日をスタートするうえで、一日分のパワーを充電する場所として、大切なのです。

寝室のマットレスを選ぶ際には、必ず寝具店やインテリアショップに行って、実際に身体を寝かせてみて、専門家がいいというものを買うようにしましょう。

私は家具屋ですが、ソファは適当に選んだとしても、マットレスだけは絶対に適当に選ばないでください、と常にいっています。滞在時間が違うからです。

先ほどの時計の話と同様、やはりマットレスもあとまわしにしがちです。

ベッドを買った際に、セットでついてくるもので済ませている人が多いのです。

でもそれは間違っています。ベッドフレームが主役ではありません。

携帯電話を充電する際にも、安い充電器ではなかなか電気がたまりません。

もちろん安くても素晴らしいマットレスはたくさんありますが、あなたの身体を大切に考えて、最適なマットレスを選ぶようにしてください。


他にもいくつか寝室をつくっていくうえでのポイントを、ご紹介していこうと思います。

前提として、ベッドルームこそが、すべての空間の中でもっとも癒やしを提供する空間である必要があります。寝るだけではなくて、一日の始まりを迎える場所でもあるわけですから。

一日の始まりを迎えるタイミングで、爽やかなイメージがないと、朝起きたときに、いきなり気分が幻滅《げんめつ》すると思いませんか。

朝起きた瞬間のテンションはいうまでもなく大切なことで、目覚めたときに寝室に癒やしの要素があることで、一日のスタートを気持ちよく切れるものなのです。

寝室をワンランク上の癒やし空間にするために、必要なアイテムがいくつかあります。それは、

①　グリーン

②　アロマ

③　照明

の三つです。

グリーンの重要性は先ほど述べた通りです。

アロマに関しては、あなたの眠りを妨《さまた》げない程度の優しい香りを、部屋にたいておきましょう。いい香りは人に癒やしを与えます。具体的には、リラックス効果の高い、ラベンダーやサンダルウッドの香りがいいでしょう。

照明に関しては、やさしい明かりの間接照明が、いまはどこでも売られていますので、そちらを使っていただくと非常に癒やしになります。

「気持ちよく朝を迎えましょう」というコンセプトのもとで、寝室づくりというのは

するべきです。だからグリーン、アロマ、照明の三つが非常に重要なのです。

そして、さらなるテクニックの一つとして、天井を有効活用しましょう。

寝るときに必ず見ているのは天井です。

天井が美しいと気持ちよく寝室で過ごせるのです。

私のおすすめはホームプラネタリウムです。いまは家庭用の小型プラネタリウムが雑貨屋などでよく売られています。値段も数千〜数万円くらいまでで、そこまで高額なものでもありません。

暗い部屋の中でつけると、天体が美しく回って、本当の星空のように映し出されます。多くの人が寝るときは電気を消しますから、空間を有効活用するという意味で、一つのテクニックとして、お伝えしておきます。

こまかいことかもしれませんが、こういったものを導入するだけで、いまよりも生活が少しだけ豊かになるのです。

寝室には、最高の癒やしを（筆者自宅）

美しいキッチンは、あなたを健康にする

部屋づくりをしていくうえで、何かと煩雑《はんざつ》になりがちな空間がキッチンです。

あなたも、様々な調理器具や調味料類など、ものが散らかってしまうことが多いのではないでしょうか。

北欧式のキッチンは、非常にシンプルで、余計なものがなくスッキリとしています。

インテリアという観点でいうと、たしかにキッチンも見栄えがいいに越したことはありません。

なかでも私が多くのキッチンを見てきて思うことは、「健康な人は、キッチンが美

しい」ということです。

いえ、逆に、

「キッチンをきれいにすると、健康になる」

といってもいいかもしれません。

キッチンがオシャレな人に共通することとして、パッケージなどの見た目が美しいオーガニック系のオリーブオイルや、無添加《むてんか》の調味料をならべています。

キッチンのオシャレに気を遣いだすと、だんだんと化学由来の身体に悪いとされるものは買わなくなるのです。

これはキッチンの見栄えから、健康になるといういい例ではないでしょうか。

かくいう私も、料理の達人というわけではありませんが、オイルに関してはサラダ油は使いません。炒め物をするときには、できるだけココナッツオイルやオーガニック系のオリーブオイルです。

少し話がそれましたが、要するに、インテリアという観点でキッチンを考えたときに、キッチンに置く材料のヴィジュアルを気にかけだすと、じつはいい素材やいい調味料が集まってくる、ということなのです。

実際に海外のオーガニックな調味料は、パッケージデザインに凝っているものも多いのです。

「**かっこいいから、キッチンに置いてみたくなる**」

そんな動機から、キッチンづくりをしてもいいのです。

そう考えていくと、安売りしているような「お徳用サラダ油」は置きたくなくなっていきます。海外のオーガニック系のエクストラヴァージンオイルの瓶なんかが無造作に置いてある姿は、インテリアとして成り立つのです。

視覚から徐々に、自分のなかのキッチンの常識を切り替えていって、気づいたら身体にいいものが並んでいます、という状態をつくるのが理想です。

キッチンで常に見えているもの、常備しているものは、その多くが調味料であるはずです。野菜やお肉はその日その日で買いますが、毎日使うものといったら調味料です。そこをできるだけオシャレに見せて、素敵な調味料を置きましょう。

気がついたらあなたも健康になっているはずです。

健康な人はキッチンが美しい

水まわりには ホテル並みの「ホスピタリティ」

第3章で「清潔感」というキーワードがありましたが、その清潔感をもっとも物語る空間があります。

水まわりです。

水まわりが汚い部屋は、不潔感が出てしまいます。どれだけ部屋を片づけてきれいにしていても、水まわりが水垢《あか》でベタベタ、色々なものが飛び散っている、それだけで一気にマイナスポイントです。

極端な話、部屋は多少散らかっていてもいいから、水まわりだけはきれいにしておいていただきたいと思っています。

清潔と不潔の振れ幅がもっとも大きく現れるのが、水まわりということです。

水まわりは、人を快適にさせるか、不快に思わせるかが大きく分かれる空間なので、「ホスピタリティ」の精神が大切になってきます。

まず水まわりは常に掃除をし、きれいにしておくことが大前提ですが、それ以外の「ホスピタリティ」のポイントをいくつかご紹介していきましょう。

たとえば、人の家にお邪魔した際に、手を洗うために洗面所にいきます。

最初のポイントは、そこで何が大切かということです。

当然ですが、それは「タオル」です。

清潔なタオルを用意しておく必要があります。

ボロボロの湿《しめ》ったタオルでは手をふきたくはありませんよね。フカフカの清潔なタオルを掛ける必要があるのです。

当たり前だと思われますが、意外にも意識できていない人が多いのです。

もう一つのポイントは「ハンドソープ」です。

あなたは洗面所にどのようなハンドソープを置いているでしょうか。

安売りしているような、石鹸《せっけん》を使っていませんか。

ここで人気のブランド「モルトンブラウン」や「ロクシタン」などの海外ブランドのポンプ式ハンドソープが置いてあるとどうでしょうか。

それだけでお客様は、

「**この人、こまかいところにも気を遣える人だな**」

と思います。

石鹸がダメというわけではありませんが、皆がさわる固形石鹸よりも、ポンプ式のハンドソープのほうがより清潔であることは間違いありません。

「そんなところまで、いちいち気にしていられないよ」

という人もいるでしょうが、所詮《しょせん》はハンドソープなので、有名ブランドのものでも、それほど高価ではありません。しかもハンドソープは使い切ってなくなるまで、時間がかかりますので、コストパフォーマンスのいいアイテムなのです。

人気のあるブランドは、知っておいて損はありません。

具体的に挙げていきますと、フランスの「ロクシタン」、イギリスの「モルトンブラウン」、アメリカの「サボン」などは人気で、なおかつ品質も素晴らしいです。

さらにもう一つのポイントは、ハンドクリームです。

ハンドソープの話をしてきましたが、ハンドクリームも重要アイテムです。

手が乾燥している人のために、ハンドクリームを置いておく。

これこそがまさに「ホスピタリティ」です。

しかもその高級ホテル並みのホスピタリティが、1本数百～数千円程度でできてしまう。

いますぐできることなのに、多くの人が気にしていません。

洗面所という誰も気にかけないようなところに、少しのお金と手間をかける。

それだけで人生は変わります。

収納のしかたで、インテリアショップのような部屋になる

豊かに暮らすための空間の使い方を考えるなかで、大きな問題になってくる部分がずばり「収納」です。

ものが捨てられない、収納がうまくいかないと悩んだ末に、部屋を一つまるごと物置部屋にしてしまうという人が多いのではないでしょうか。

片づいていない物置部屋というのは大きなストレスになりますし、豊かに質の高い暮らしをするという考え方の対極にあるものです。

その物置部屋のストレスを解消する手段として、うまく収納を活用する必要があり

ます。

デンマークの人々は収納が上手です。

ここでもデンマークの人々の収納術を参考にしながら、ポイントを絞って書いていきたいと思います。

いますぐできる考え方として、

「**見えない場所にはとにかくつめこんでしまう**」

ということが大切です。

少し乱暴ないい方に聞こえるかもしれませんが、雑然《ざつぜん》と散らかっているという状況が目で見えてしまうことに、人はストレスを感じるのです。

実用的な方法として、クローゼットなどの収納スペースの中に、ホームセンターなどで売っている収納ボックスを入れて使います。

要するに、空間の有効活用です。

「収納するための空間」を小分けにしてたくさんつくって、とにかくそこにつめこんでしまうのです。

そして、目に見える場所の収納に欠かせないものがあります。

「**見せても大丈夫なオシャレなもの**」

これをハンガーに引っかけたり、無造作に畳んで置いたりするのです。

洋服やデニムが、無造作にハンガーにつるしてあるだけなのに、なぜだかオシャレに見えると感じたことが、あなたにもあるかと思います。

見える場所に置くものは、すべてインテリアとして考えてしまいましょう。

近頃、「断捨離《だんしゃり》」という言葉が流行りましたが、この考え方も取り入れるべきでしょう。1年間さわりもしなかったものはこれから先も使うことはありません。

収納するもの自体を減らすという作業も、大切なことです。

バルコニーを贅沢な空間として活用する

デンマークの人にかぎらず、海外、とくにヨーロッパの人々は、屋外での過ごし方を大切にします。フランスもイタリアもそうですが、テラスやバルコニーでの食事や打ち合わせの機会が多いのです。

家だけではなく、レストランに行っても、多くの店がテラス席を構えています。

それだけ屋外の重要性が高いのです。

じつは日本にもテラスの文化は昔からありました。それがまさに「縁側《えんがわ》」という発想です。

縁側は室内でもあり、外でもあります。

いい意味で中途半端な、区切りを持たない空間なのです。

いまレストランにあるテラスも、屋外ではあるけどレストランの中の空間です。そういった絶妙な空間をうまく活用できるかどうかで、暮らしの質はまた一つ向上するのです。

日本人は多くの人が、大きさはそれぞれですがベランダやバルコニーを持っています。しかし、そこをオシャレに活用しようとする人は少ないのです。いい方は悪いかもしれませんが、ただ洗濯物を干すだけの場所で、掃除もしないし、避難経路ぐらいにしか考えていないという人もいるくらいです。

ではどうすれば、バルコニーを有効活用できるのか。

あなたがもしバルコニーに関して何もしていませんというのであれば、まずはバルコニーの掃除から始めましょう。そして、外用のグリーンと、小さなテーブルとイスを置くだけで、驚くほどに空間のイメージが変わります。

さらに私の場合は、バルコニーにはすべてウッドデッキを張っています。

仮にあなたが賃貸マンションでも、あとからはずせるタイプのウッドデッキも多数売っていますので、試してみるのもいいでしょう。

カーテンを開けて見えるところまで、そのすべてが自分の過ごす空間であり、部屋なのです。

リビングや寝室から、バルコニーが見える家も多いかと思います。

見える部分までがすべて部屋であると考えれば、バルコニーにも手を抜いてはいけないということがわかりますよね。

バルコニーの空間に、グリーンやイスとテーブルを置くだけで、ただの窓というものから、部屋の奥行きになるのです。

そのぶん、部屋も広く感じて、外で過ごす時間というものを大事にすることで、贅沢な気分を味わえるのです。

だから私はすごくバルコニーを重要視するのです。

デンマーク人も同じです。

部屋を借りるときも、バルコニーがあるかどうかをすごく重要視します。

ルーフバルコニーが広い家に住んでいながら、何もしていない人を見ると、もったいないと思います。

バルコニーが、空間と生活を豊かにするヒントです。いまこそ日本人の縁側という文化を、思い出す必要があるのではないでしょうか。

いまは縁側がある家は少ないかもしれませんが、それでも、バルコニーやテラスのような、外であり室内であるといった空間は大切な場所です。

景色と自分のいる場所が、一つの空間になるわけですから、こんなに贅沢なことはありません。

バルコニーをただのベランダとしてとらえるのではなくて、一つの部屋として考える。そういう考えに切り替えたときに、一気にその空間のバリューが上がるのです。

部屋の中にばかり気をとられていてはいけません。

窓から向こうの景色も、自分のプライベートな空間にしてしまいましょう。

暮らしと心を豊かにするChapter4のまとめ

- 玄関でのおもてなしに手を抜かない
- 観葉植物は「鉢」にこだわる
- 床にはラグを敷いてみる
- フローリングではなく、カーペットに
- 時計は「目的を持って見るもの」
- マットレスを適当に選ぶということは、人生の3分の1を捨てているのと同じこと
- 健康な人は、キッチンが美しい
- ハンドソープはコストパフォーマンスのいいインテリアアイテム
- バルコニーも一つの部屋である

Chapter

5

あなたの人生の質は、空間で決まる

インテリアは人生を変える

第4章では、北欧式の部屋づくりということで、具体的な空間のつくり方を書いてきましたが、いかがでしたでしょうか。

ここまでは、意識的にすぐに行動に移せるようなポイントを中心に書いてきました。

なぜそうしてきたかというと、この本を読んでいるあなたに、すぐに行動に移していただきたいからです。

多くの自己啓発本が世の中に出ていますが、読んでも人生なんて変わらない、と思っている人もいるかと思います。

それはなぜか？

行動に移せないからです。

いくらいい情報を得ても、実際に一歩踏み出すことができない。だから人生が変わらないのです。

でも、**インテリアであれば、すぐに行動に移せます。**

あなたが自分の部屋で過ごす時間は、一日何時間ですか。

仮に8時間を自分の部屋で過ごすとしたら、そこに変化が起こることで、少なからず生活が変わるということです。

そして、生活の一部が変わるということは、人生が変わるということです。

私は、インテリアを通して、あなたの人生を変えたいのです。

空間を変えることが、最速で人生を変える方法だと、本気で思っています。

なぜカフェで仕事をすると、はかどるのか？

この本の読者の多くが、仕事をされていると思います。

サラリーマンの人もいれば、経営者の人、公務員の人もいることでしょう。

もちろん業務内容は人それぞれで、どのような仕事をしているかというのは大切なことですが、それ以上に大事なのが、「働く場所」「働く空間」です。

あなたは、オフィスで仕事をしていて集中できないときに、ちょっと息抜きにカフェで仕事をしたら、やけにはかどったという経験はありませんか？

働く場所を変えるだけで、仕事のクオリティが上がる、ということを、じつは多くの人が無意識のうちに経験しているのです。

そういった考えから、私が提唱しているのは、

「職場をカフェ化してしまおう」

というものです。

私は常々、**オフィスがオフィスらしい必要はまったくない**と感じています。

戦後の日本では、ただただひたすらに合理化を追求し、より狭い空間に人を敷きつめて、皆で同じ仕事を一斉におこなうという時代だったのが、いまはそうではなくなってきているのです。

よりクリエイティブに、より「無駄な空間」を活用して、より一人ひとりの発想力やアイデアを生み出す場所である必要がある、という時代になってきているのです。

アメリカのある有名経営者がこの5～10年で、いまの人間がやっている仕事の50パーセントがなくなる、といっていました。

すべてがコンピュータ化されて、いまの職業が消えてしまう。つまり、単純作業は完全に淘汰《とうた》されて、クリエイティブでしか人間は生き残っていけないということを意

味します。

それならば、人が働く空間も、よりクリエイティブを生み出すような、バリューのある空間でなければならないのです。

空間の快適性、そして、より発想力が豊かに生まれてくるような環境づくりというのが、これからの日本のオフィスにおいて、大切なことなのです。

欧米諸国の会社のオフィスを訪問すると、クリエイティブなオフィスが非常に多いと感じます。

オフィスを、いかにオフィスらしくないオフィスにして、ワクワクして働ける場所、環境をつくれるかということが、これからの日本のオフィスの課題ではないでしょうか。

いい空間には、いい人が集まる

オフィスの話をさせていただきましたが、リグナではオフィスデザインに関しても数多く手がけさせていただいております。

いい意味でのオフィスらしからぬオフィスにしたことによって、仕事や採用のクオリティが上がって、一気に会社が成長したという事例を、数多く見てきました。

これまでは、インテリアにそこまで気を遣う企業は、日本にはそれほど多くはありませんでした。

数多くのオフィスデザインを手がけさせていただいて、つくづく感じることですが、会社のインテリアこそ、企業ブランディングや採用においては、もっとも力を発揮する場所であるということがいえます。

いままでの会社は、自分たちの扱う商品や売っているものを主張することはあっても、自分たちの会社のブランディングや、働く環境をしっかりと世に向けて発信しているところはなかったのです。

しかし、そこに気がついて、かけるべきところにしっかりとお金をかけている会社というのは、やはり伸びています。

そしてなにより、採用への影響が大きいのです。

グーグルのオフィスを訪問したことがありますが、環境づくりに力を入れているのが、オフィスに入った瞬間にわかります。

お客様をもてなすのは当たり前ですが、働いている人をもてなすための空間づくりに全力を注いでいました。

そんなふうに、社員を快適に過ごさせてあげるという発想が、現時点では日本の企業には、まだ少ないのが現状です。

ものを買ってくれるお客様にワクワクを与えるということは、比較的できています。

しかし、ものを売ってくれる人たちにワクワクを与えるということをやっていないのです。

それをするだけで業務効率が上がるというのに、もったいない話です。

そして、**センスのいい会社にはセンスのいい人材が集まります。**

インテリアは、いい人材を集めるための、一つの仕掛けにもなるのです。

いまの企業に必要なことはブランディングです。

日本の企業は、ブランディングが上手ではない会社ばかりだと感じます。

私は、一部上場企業をはじめとするさまざまな企業を相手に、ブランディングコンサルティングの仕事もさせていただいていますが、業界大手クラスの大きな会社ですら、ブランディングがうまくできていないのです。

オフィスへ伺っても、

「このクリエイティブな発想が浮かばなさそうな空間は何だ？」

と驚きます。

インテリアというのは、企業ブランディングにおいてもっとも重要な要素です。

会社とは何か。

それは商品ではなくて、やはり「人」と「環境」です。

箱があって人がいる。

それが会社です。

だからそのメインの空間自体を、いいものにするのが当たり前の文化にならなければいけないと思うのです。

イス一つから、人生を変えた男

この本のコンセプトは、「空間を変えることで、人生をよりよいものにする」ということです。

序盤はデンマークのイスをテーマに書いてきましたが、まさに、

「イスを変えることで、人生を変える」

ということを地で行くような人物がいました。彼の名は、岩槻知秀《いわつきともひで》氏。

彼は東京でＩＴ関連の会社、レバレジーズ株式会社を経営する、35歳のまだ若い社長です。

仕事ができる優秀な経営者で、いまでこそ東京の一等地にオフィスを構えていますが、私と初めて会ったときは、古い雑居ビルに入居して、ファッションにもインテリアにも興味がない、よくも悪くも「フツウ」の社長でした。

早稲田大学出身で頭がいいのですが、オシャレやインテリアには無頓着《むとんちゃく》な人でした。

ある日、私と彼は出会って、彼の家のインテリアをオシャレにしようという話になり、部屋のインテリアをすべてコーディネートしてあげることになりました。

そこからです、彼が大きく変わったのは。

気がついたら……、

彼のファッションが変わりました。

車が変わりました。

それから、会社のインテリアをすべて手がけてほしいという話をいただきました。

そして、彼の会社の名刺が変わりました。

会社のウェブサイトが変わりました。

10億円規模だった会社の売上も、現在では１４０億円にまで伸びました。

さらに会社のインテリアが変わった影響で、集まってくる人材の質が一気に上がって、社員も数百人になり、あっという間に、ブランディングの上手な、社員に愛される一流のＩＴ会社になってしまったのです。

嘘みたいな話ですよね。

さかのぼれば、彼の自宅のイスを一つ変えたところから始まったのです。

空間を変えることで、人生が変わるということの、いい事例になってくれたと思っています。

もちろん彼自身が優秀な経営者であるということが、一番の要因ではあると思います。

しかし、そのきっかけはインテリアを一つ変えただけにすぎないのです。

リグナがデザインした「オフィスらしくないオフィス」の実例

ホテルライクな生活は贅沢なのか

多くの人が、

「ホテルに住んでみたい」

「ホテルライクな生活がしてみたい」

ということをいいます。

私は国内外の出張が多く、年間の3分の1程度はホテルで過ごしています。

ホテルでの生活は、はっきりいってホスピタリティは素晴らしいし、掃除、食事など、何不自由ない生活ができます。

環境も素晴らしいという言葉以外見つかりません。

ジムやプールがあり、ホテルマンが「お帰りなさい」と毎日のように声をかけてくれます。

ただ、子どものころから生活してきた基盤はあくまで一般住居であり、皆が憧れるホテル生活も、じつは一般住居でのキッチンと洗濯機のある「当たり前」の環境にはかなわないと思うのです。

帰って「ホッとする」空間とは、決して贅沢な環境とは限りません。

決してだだっ広い部屋とは限りません。

毎日の生活をする空間として、どんな空間に安心できて、充足感を得られるのかは、人それぞれです。

その人の現実的な範囲のなかで思いっきりインテリアを楽しんで、プライベートな空間で人をおもてなしすることこそが、本来の喜びや感動につながっていくのではないでしょうか。

インテリアは自分を表現する最高のアイテム

私がインテリアにこだわるようになったのは、まだ子どものときに、実家の建て替えを経験してからです。

それまでは、いわゆる純日本風の家屋でした。

平屋《ひらや》の一軒家で、居間にこたつがあって、ちゃぶ台で食事をとって、布団を敷いて寝ていました。

それからちょうど思春期くらいのときに家が建て替わり、自分のインテリアに対する概念がくつがえされました。

欧米風の家屋に建て替わったのです。

こたつがリビングソファセットに変わり、ちゃぶ台がダイニングセットに変わり、布団がベッドに変わりました。

生活のスタイルが180度変わったことで、一気に空間やインテリアというものに目覚めました。

自分の部屋を初めて持ち、好きなように家具のレイアウトを変えてみたり、天井には星のシールを貼ってみたり……。

いま思うとかわいいものですが、当時はとてもワクワクしたのを覚えています。

この「ワクワク」がポイントでした。

インテリアは自由です。

自分の好きなように、自由自在につくっていくのが楽しいのです。

それが私がインテリアを好きになったきっかけです。

それから大学生になって、初めてのひとり暮らしでマンションを借りました。

そこからさらにインテリアや家具を、いろいろ工夫するようになりました。

雑貨屋で布を買ってきては、タペストリーのように壁に掛けてみたり、電気屋で置き型の電球を買って、ホームセンターで木のオブジェを買って、上にかぶせてオリジナルの間接照明にしてみたりと、自由にインテリアをデザインしました。

自分なりにインテリアに対する工夫をして、少しずつこだわっていくうちに、グレードアップしていきました。

思えばそのころから、インテリアを一生の仕事にするという兆《きざ》しが見えてきたのだと思います。

他人のことを考えながら
つくる空間が、結果的に
あなた自身を幸せにしてくれる

インテリアはブランディングの武器であるということを前述しましたが、それは企業や店舗などに限らず、あなた自身にもいえることであると思います。

最近では「セルフブランディング」という言葉がよく使われるようになりました。

ファッションなどの外見、ＳＮＳなどを使った情報発信、様々なセルフブランディングがあり、それに関する書籍などもたくさん出版されています。

たしかにセルフブランディングは大切です。

「外見が９割……」

「服を変えれば、人生が変わる……」

などといわれておりますが、たしかにそれはその通りだと思います。

自分の外見をよりよくしていくことは、大切なセルフブランディングの手段であるといえます。

しかしながら、本当にそれだけでいいのでしょうか。

いいスーツを着て、きれいな靴を履いて……それがどの程度、人から評価されたり、感謝されたり、感動されたりということにつながるでしょうか。

結局はその人の自己満足で終わってしまうケースが多いように思います。

しかしながら、インテリアに関しては違うと思います。

なぜなら、人と共有する空間だからです。

北欧では常識的な考え方です。

「**あの人がこの部屋に来てくれたら、なんていってくれるかな**」

「**このソファ、喜んでくれるかな**」

他人のことを考えながらつくっていくのが、インテリアなのです。

だから、人のために快適な空間、贅沢なインテリア、過ごしやすい質の高い部屋をつくるのです。

そうして意識して空間をつくって、そこにお客様を招いたときに、驚くぐらいほめられて、驚くぐらい感動してもらえる。

こんな幸せなことはありません。

さらに、その人と、時間と空間をともにすることになるのです。

一人で過ごす時間も贅沢な時間です。

ですが、**時間と空間を共有する人がいて、その人が感動してくれると、二人分の贅沢な時間をあじわうことができるのです。**

多くのセルフブランディングを語った書籍などには、

「スーツはオーダーメイドで」

「時計はいやらしく見えないものを」

「ネクタイはこうしよう」

「香水は……」

と自分自身の身につけるものを書いているものがほとんどです。

しかし、自宅にしてもオフィスにしても、どんな空間でも、招く人のことを思った空間づくりこそが、結果的に、最高のセルフブランディングになるのだと思います。

質のいい空間をつくっていくことが、あなたの大切な人を最速で幸せにし、そしてあなた自身の究極のセルフブランディングになるということを、意識しておくといいでしょう。

インテリアは、あなたと、あなたの大切な人を幸せにする、もっとも身近で簡単な手段なのです。

暮らしと
心を豊かにする
Chapter5のまとめ

- インテリアは、いますぐ行動に移せる「人生を変える方法」
- オフィスがオフィスらしい必要はまったくない
- 働いている人をおもてなしする空間づくりが、日本のオフィスの課題
- 質のいい空間には、質のいい人材が集まる
- インテリアは、自由である
- センスを常に磨き続ける
- 他人の幸せを考えながらつくるのが、インテリア

「人生＝空間」

私はそれを常に意識して生きています。

人生はすべて「時間」で構成されており、その時間を過ごす「空間」こそが人生そのものであると思うのです。

私は常に楽しく素晴らしい人生にしたい、そう願って生きています。

どれだけお金がたくさんあっても、それを実現できない人がたくさんいます。

素晴らしい人生とは、自身がどんな時間の使い方をするのか、そしてその使った時間に心から満足できるのか、そこには自身の心から満足できる空間が必要なのではないか、そう思っています。

本文中でも申し上げましたが、満足できる空間とは、決して「広い空間」や「贅沢な空間」とは限りません。

たとえ狭くても、お金をさほどかけなかった場合でも、自分や自分の大切な人の心が豊かになる部屋はつくれるものです。

もしそれをきっかけにして、さらに広い部屋で人をおもてなししたい、快適に暮らしたいと思ったならば、その空間のために仕事をがんばることだってできるのです。

とにかく日本人はもっと空間、すなわちインテリアに興味を持つべきだと思います。

仕事で疲れて帰ってきて、帰る家に楽しみを持てたなら、きっと人はもっと心豊かになる。大げさにいうならば、世界はもっと平和になる。

すべては空間から始まり、そして空間で終わる。

そんな人生を私たちは生きていて、その空間に興味を持てない人生なんてもったいないことだと思うのです。

最後に、私はいまリグナでインテリアをライフワークとしており、ある意味、人の人生そのものともいえる空間をデザインする仕事に携《たずさ》わっています。

私にとってこれこそが幸せであり、豊かな人生の糧《かて》となっています。
私がインテリアに興味を持つ多くのきっかけを与えてくれた両親、そして私の大好きなインテリアビジネスを支えてくれるリグナの皆さん、今回の出版に際し多大なご協力をいただいた、きずな出版の小寺裕樹さんに、心から感謝の気持ちを伝えます。
本当にありがとうございました。

世界中に素敵な空間と笑顔があふれ、一人でも多くの人が幸せになりますように。

大好きなイスに座りながら

小澤良介

小澤良介　おざわ・りょうすけ

リグナ株式会社、代表取締役社長。1978年生まれ。愛知県出身。明治大学在学中に個人事業主として起業し、卒業と同時に創業。アートレンタル事業や内装業を手がけ、2004年にはデザイナーズ家具オンラインショップ「リグナ」をオープン。現在は東京にカフェやグリーンショップ併設の300坪を超える大型インテリアショップ、福岡には古民家を一棟リノベーションしたインテリアショップをオープンしている。近年は、家具の販売以外に、空間プロデュースの分野でも活躍。ドバイの五ツ星ホテル「ラッフルズ」の最上階レストラン「tomo」のインテリア監修、福岡「ホテル・ラ・フォレスタ バイ リグナ」のリノベーションおよび総合プロデュースなどの実績がある。また、上場企業のブランディングや、多数のドラマのインテリア監修（フジテレビ系月9ドラマ「月の恋人」ではドラマ自体の監修を務めた）など、精力的に活動領域を広げている。

2015年より、家具の領域を越え、飲食事業を展開するリグナテーブル株式会社の代表取締役と、リサイクルショップを全国に90店舗（2015年現在）展開する株式会社ベクトルの取締役CBO（チーフ・ブランディング・オフィサー）も兼任。趣味は、仕事、車、ランニング、ウェイクボード等、多岐にわたる。著書に『100%、「好き！」を仕事にする人生』（日本実業出版社）

なぜデンマーク人は
初任給でイスを買うのか?
―― 人生を好転させる「空間」の活かし方

2015年12月1日　第1刷発行
2015年12月25日　第3刷発行

著　者　小澤良介

発行者　櫻井秀勲

発行所　きずな出版
〒162-0816　東京都新宿区白銀町1-13
電話　03-3260-0391
振替　00160-2-633551
http://www.kizuna-pub.jp/

印刷・製本　モリモト印刷

ISBN978-4-907072-46-9

好評既刊

男前収納でキレイになる片づけのコツ

園藤ふみ

【出す→選ぶ→戻す】
男前収納の実践法から、事例までを豊富に収録。読んですぐ行動に移せる、新しい片づけ本が誕生！

本体価格 1400 円

女性の幸せの見つけ方
運命が開く 7 つの扉

本田健

累計 600 万部超のベストセラー作家・本田健の初の女性書。年代によって「女性の幸せのかたち」は変わっていく―。女性を理解したい男性も必読の 1 冊。

本体価格 1300 円

一流になる男、その他大勢で終わる男

永松茂久

どうすれば一流と呼ばれる人になれるのか？ キラッと光る人には理由がある―。『男の条件』著者が贈る、男のための成功のバイブル決定版。

本体価格 1300 円

ジョン・C・マクスウェル式
感情で人を動かす
世界一のメンターから学んだこと

豊福公平

アメリカで「リーダーのリーダー」「世界一のメンター」と讃えられる、ジョン・C・マクスウェルから、直接学びを受ける著者による、日本人向け超実践的リーダーシップ論！

本体価格 1400 円

一生お金に困らない人生をつくる―
信頼残高の増やし方

菅井敏之

信頼残高がどれだけあるかで、人生は大きく変わる―。元メガバンク支店長の著者が、25 年間の銀行員生活の中で実践してきた、「信頼」される方法。

本体価格 1400 円

※表示価格はすべて税別です

書籍の感想、著者へのメッセージは以下のアドレスにお寄せください
E-mail：39@kizuna-pub.jp

きずな出版
http://www.kizuna-pub.jp